DIE REIHE
ARBEITSWELTEN

PAUL HARTMANN AG
HEIDENHEIM

Anne Hermann und Tobias Mahl

SUTTON
VERLAG

Sutton Verlag GmbH
Hochheimer Straße 59
99094 Erfurt
http://www.suttonverlag.de
Copyright © Sutton Verlag, 2004

ISBN 3-89702-705-4
Druck: Oaklands Book Services Ltd., Stonehouse | GL, England

Bildnachweis

Wirtschaftsarchiv Baden-Württemberg, Stuttgart-Hohenheim: B 45, B 46, B 80

Wir bedanken uns beim Wirtschaftsarchiv Baden-Württemberg für die freundliche Überlassung des Bildmaterials. Sollten wir es trotz sorgfältiger Prüfung der Bildrechte versäumt haben, die Erlaubnis einzelner Personen einzuholen, so bitten wir höflichst um Entschuldigung.

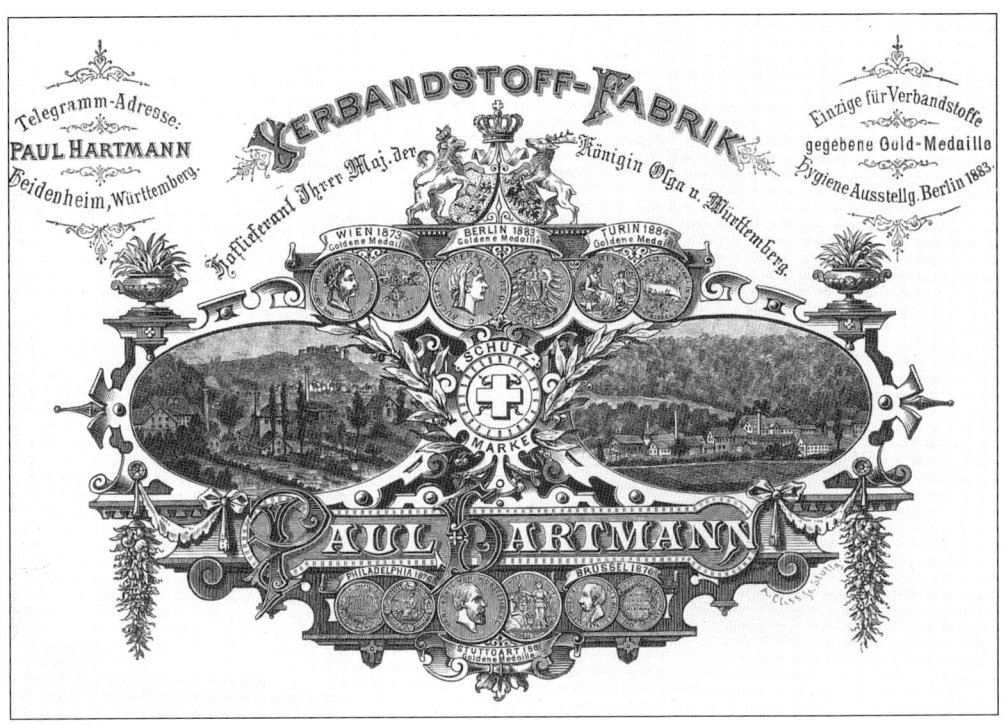

Inhaltsverzeichnis

Vorwort   7

1. Vom Textilbetrieb zur Verbandstofffabrik
   Heidenheimer Industriepioniere und die Entwicklung
   der Fabrikanlagen   9

2. Das Herz des Unternehmens
   Die Produktionsabteilungen   29

3. Der Schritt in die Welt
   Aufbau eines in- und ausländischen Filialnetzes und
   Beteiligung an Weltausstellungen und Messen   53

4. „Hartmann hilft heilen"
   Werbung und Produktgestaltung im Wandel der Zeit   77

Stilisierte Ansicht und Lageplan der Verbandstofffabrik Paul Hartmann, um 1885.
B 46, Bü. 1442

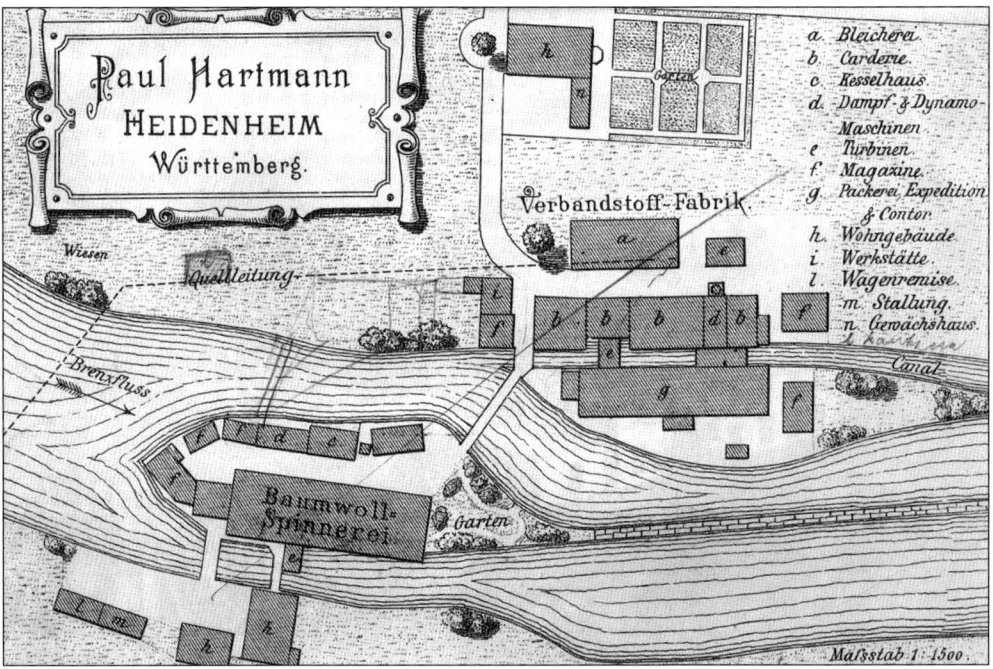

Vorwort

Die Paul Hartmann AG im württembergischen Heidenheim an der Brenz gilt als die älteste Verbandstofffabrik Deutschlands. Das Unternehmen wurde im Jahre 1867 von Paul Hartmann sen. gegründet und ging aus der seit 1818 bestehenden Spinnerei seines Vaters Ludwig von Hartmann hervor. Im Jahre 1873 begann Paul Hartmann sen. mit der Herstellung von Verbandwatte, die zum damaligen Zeitpunkt ein völlig neues Produkt war. Unternehmerische Weitsicht und Risikobereitschaft bewirkten, dass am Ostrand der Schwäbischen Alb ein Weltunternehmen entstand, das heute in 39 Ländern der Erde tätig ist und fast 10.000 Mitarbeiter beschäftigt.

Erstmals wird nun die Geschichte dieses Unternehmens in einem Bildband dargestellt. Die Idee dazu entstand 2003, als das Fotoarchiv der Paul Hartmann AG in die Obhut des Wirtschaftsarchivs Baden-Württemberg in Stuttgart-Hohenheim überging, welches auch das historische Schriftgut der Firma verwahrt. Das Bildmaterial wird hier systematisch erschlossen und für die Benutzung zugänglich gemacht.

Für den vorliegenden Bildband wurde eine Auswahl von über 130 Motiven getroffen. Die Aufnahmen sind überwiegend im Zeitraum zwischen 1880 und 1960 entstanden.

Das erste Kapitel ist vor allem der baulichen und räumlichen Entwicklung des Stammwerkes in Heidenheim gewidmet. Zu sehen sind die mechanische Baumwollspinnerei des württembergischen Industriepioniers Ludwig von Hartmann als Keimzelle des Unternehmens, die bescheidenen Anfänge der Verbandstofffabrik von Paul Hartmann sen. an der Scheckenbleiche und der Ausbau der Fabrik unter Generaldirektor Walther Hartmann seit 1900. Darüber hinaus bilden die Aufnahmen auch wichtige Unternehmerpersönlichkeiten ab und bezeugen die Entwicklung der Stadt Heidenheim hin zu einem bedeutenden Wirtschaftszentrum.

Das zweite Kapitel lädt zu einem Streifzug durch das Innere der Verbandstofffabrik ein. Der Betrachter erhält einen Einblick in die Arbeitswelt des Unternehmens, begonnen mit der Anlieferung der Rohstoffe über die einzelnen Produktionsstufen bis hin zum Versand der Produkte. Im Fokus stehen dabei die Mitarbeiterinnen und Mitarbeiter des Unternehmens.

Die im dritten Kapitel vorgestellten Aufnahmen verdeutlichen die frühe internationale Ausrichtung der Firma. Neben einem gut ausgebauten innerdeutschen Filialnetz unterhielt Hartmann schon seit den 1880er-Jahren Niederlassungen im europäischen Ausland und agierte bereits damals als „Global Player". Die internationale Präsenz ging einher mit einer regen Beteiligung an Weltausstellungen und Messen, denen um die Jahrhundertwende ein hoher Stellenwert beigemessen und für die eigens dekorative Plakate in Auftrag gegeben wurden. Die Fotos sollen auch an die zahlreichen Mitarbeiter erinnern, die für Hartmann in dem weit verzweigten Filialnetz tätig waren.

Das vierte und letzte Kapitel wirft schließlich einen Blick auf eine Auswahl an Produkt- und Firmenwerbung der Verbandstofffabrik.

Der vorliegende Bildband möchte einen Beitrag dazu leisten, die Erinnerung an die Pioniertaten der württembergischen Unternehmerfamilie Hartmann und Generationen von Mitarbeitern der Verbandstofffabrik wach zu halten. Die vorgestellten Motive sind eine ausgezeichnete Quelle für das unternehmensgeschichtliche Verständnis und vermitteln manchmal mehr über Verhältnisse, Entwicklungen und Veränderungen als tausend Worte.

Plakat aus dem Jahre 1898.
B 46, F 551

1

Vom Textilbetrieb zur Verbandstofffabrik

Heidenheimer Industriepioniere und die bauliche Entwicklung der Fabrikanlagen

Die Industrialisierung Heidenheims ist mit dem Namen Hartmann eng verknüpft. Keimzelle war die im Norden der Stadt am Brenzsee gelegene Kattunfabrik, die seit 1774 im Besitz der Familie Meebold aus Sulz a. N. war. Die Geschäfte führte Ludwig Hartmann. Im Jahr 1812 gliederte er dem Unternehmen eine mechanische Baumwollspinnerei im Süden der Stadt an, die er seit 1818 zusammen mit einer Weißbleiche auf eigene Rechnung erfolgreich weiterführte. 1843 übernahmen seine drei Söhne das väterliche Erbe unter dem Firmennamen „L. Hartmanns Söhne". 1867 erwarb Paul Hartmann die so genannte „Scheckenbleiche", ein Gelände zwischen Brenz und der heutigen Paul-Hartmann-Straße, und gründete darauf eine Fabrik, die als erste in Deutschland Verbandstoffe fabrikmäßig herstellte.

Den Anfang machte die Einführung der entfetteten Verbandwatte nach den Erkenntnissen von Professor Bruns im Jahr 1873. In den 1890er-Jahren folgte die Fertigung aseptischer und antiseptischer Verbandstoffe in enger Zusammenarbeit mit Professor Joseph Lister sowie Frauenhygieneartikel aus Holzwollwatte nach Angaben von Dr. Walcher. Die Erweiterung der Produktion und des Sortiments ging Hand in Hand mit den neuesten Erkenntnissen in Wissenschaft und Technik. Der Aufschwung der jungen Branche wurde gefördert durch das wachsende Hygienebewusstsein der Bevölkerung und die Bestrebungen des Staates, die Gesundheit der Bürger im Zuge der Sozialversicherungsgesetzgebung zu verbessern.

Das wirtschaftliche Wachstum des Unternehmens zeigt sich auch in der räumlichen Expansion am Stammsitz. Das Verbandstoffgeschäft entwickelte sich zum Kerngeschäft und erforderte die Ausweitung der Produktionskapazitäten. Zwischen 1881 und 1884 kaufte Paul Hartmann das Spinnereigebäude und die dazugehörigen Liegenschaften aus dem Verband der „L. Hartmanns Söhne" heraus und trieb die Ausweitung der Fabrik und Steigerung der Leistungsfähigkeit in den Folgejahren voran. So wurden 1896 ein Kantinengebäude, 1900 ein Bleichereianbau, 1910 ein chemisch-bakteriologisches Labor und 1911 ein Verwaltungsgebäude gebaut. Parallel zum Ausbau des Werkes am Stammsitz errichtete Hartmann bereits seit 1882 ein dichtes Netz an Zweigfabriken und Niederlassungen im In- und Ausland. Nach der Umwandlung des Unternehmens in eine Familien-Aktiengesellschaft 1912 begann unter der Leitung von Walther Hartmann der Aufstieg des Unternehmens zur größten Verbandstofffabrik Deutschlands. Verlorene Auslandsfilialen baute man nach dem Ersten Weltkrieg unverdrossen wieder auf und schuf im Inland ein enges Vertriebsnetz. Infolge der Verluste der ausländischen Besitzungen durch den Zweiten Weltkrieg kam es 1945 zu einem Neuanfang unter der Leitung von Dr. Günter Klüsmann. Das Stammhaus wurde reorganisiert, der Export kam wieder in Gang. Der mit dem „Wirtschaftswunder" einsetzende Aufschwung in den 1960er-Jahren und in den Folgejahren spiegelt sich auch in der regen Bautätigkeit am Stammsitz wider. Auffallend ist die vollständige Überbauung des Geländes auf der ehemaligen Scheckenbleiche und die räumliche Ausdehnung jenseits der Paul-Hartmann-Straße in Richtung Osten. Dort stehen seit den 1970er- und 1980er-Jahren neue Produktionshallen für Zellstoff- und Hygieneprodukte sowie Hochregallager für Fertigerzeugnisse, Roh- und Hilfsstoffe.

Die folgenden Bilder zeigen eindrucksvoll die äußere Entwicklung der Hartmann'schen Fabrikanlagen während eines Zeitraumes von mehr als 100 Jahren.

Ludwig von Hartmann (1766-1852) auf einem Porträt. Er war einer der bedeutendsten Industriepioniere in Württemberg. 1818 übernahm er die von ihm unter der Firma Meebold & Comp. errichtete Baumwollspinnerei in Heidenheim und gründete damit seine eigene Firma, die gleichzeitig die Keimzelle der späteren Verbandstofffabrik war. In Anerkennung seiner Verdienste um die vaterländische Industrie erhielt er 1801 den Titel Kommerzienrat und 1833 den persönlichen Adel mit der Verleihung des württembergischen Kronenordens. Von 1826 bis 1830 war er Landtagsabgeordneter und setzte sich vor allem für das Zustandekommen des deutschen Zollvereins ein.
B 46, F 2501

Blick auf Heidenheim von Süden in einer Lithografie von Baumann, um 1844. Links im Bild die Baumwollspinnerei Ludwig Hartmann, ein Fachwerkbau unterhalb der Brunnenmühle am westlichen Brenzufer. Dahinter die Stadt mit der Michaelskirche und das Schloss Hellenstein.
B 80, F 6003/2a

Die Lithografie von F.F. Wagner zeigt den Blick auf Heidenheim von Norden, um 1850. Links im Bild die Kattunfabrik Meebold & Comp. am Brenzsee. Sie wurde 1856 in die Aktiengesellschaft Württembergische Cattunmanufactur umgewandelt und war im 19. Jahrhundert der größte Arbeitgeber Heidenheims. Dahinter die Totenbergkapelle, rechts davon die rauchenden Schornsteine der Tuchfabrik Wiedenmann (später Piltz & Sohn) und Papierfabrik Heinrich Voelter (später C.F. Ploucquet). Rechts das Schloss Hellenstein.
B 45, F 72

Paul Hartmann sen. (1812-1884), ein Sohn Ludwig von Hartmanns. Er erwarb 1867 die so genannte Scheckenbleiche, das Gelände zwischen der Brenz und der heutigen Paul-Hartmann-Straße, und gründete darauf mit seinen Söhnen die Verbandstofffabrik.
B 46, F 2502

Blick auf die Verbandstofffabrik Paul Hartmann an der Scheckenbleiche im Winter und im Frühjahr, um 1900. Rechts die Wohnhäuser der Familie Hartmann. Im Hintergrund Heidenheim mit Schloss Hellenstein.
B 46, F 593/4-5

Um die Jahrhundertwende hatte sich Heidenheim zu einer Industrie- und Arbeiterstadt entwickelt. Die WCM war damals die größte Kattundruckerei in Württemberg. Voith stieg zu einem Großbetrieb auf, der das Erscheinungsbild der Stadt in den Folgejahren nachhaltig prägte. Die Stadt profitierte vom wirtschaftlich-industriellen Aufschwung und investierte in zahlreiche öffentliche Bauten. Der Blick vom Schmittenberg zeigt links die Pauluskirche und den Bahnhof, rechts davon das Gymnasium, die Marienkirche und das Städtische Volksbad, um 1910.
B 46, F 2516/16

Blick vom Schloss Hellenstein auf das Gelände der Maschinenfabrik J.M. Voith, das noch reichlich Freifläche für eine Bebauung aufweist. In der Bildmitte sind die neue Gießerei und das Modelllager zu sehen. Im Vordergrund die Villen Voith und Schultes (später Oberdorfer). In der ehemaligen Villa Hanns Voith befindet sich heute die Pressestelle der J.M. Voith AG. Am rechten Bildrand erkennt man die Verbandstofffabrik Paul Hartmann, um 1912.
B 80, F 6317/7

Die Verbandstofffabrik an der Scheckenbleiche. Rechts im Hintergrund die alte Spinnerei Ludwig von Hartmanns kurz vor dem Brand im Jahre 1880.
B 46, F 2514

Blick über das Firmengelände Richtung Mergelstetten. Am linken Bildrand die Verbandstofffabrik auf dem Gelände der Scheckenbleiche mit der alten Holzhänge. An dieser wurden Gewebe zum Trocknen aufgehängt. In der Bildmitte die 1880 nach einem Brand neu aufgebaute Spinnerei mit dem sich anschließenden Wohnhaus von 1811, um 1897.
B 46, F 765

Totalansicht des Firmengeländes, um 1906. Links das im Jahre 1899 erbaute Wohnhaus Nr. 10, in der Bildmitte die Produktionsanlagen an der Scheckenbleiche, rechts das Wohnhaus Nr. 1. Oberhalb der Firma liegt die so genannte Villa Anna, die sich der lange in Berlin tätige Arzt Professor Arthur Hartmann im Jahre 1906 als Sommersitz erbauen ließ. Im Vordergrund die Schienen der 1875/76 von Heidenheim nach Ulm erweiterten Brenztalbahn.
B 46, F 270

Blick nach Osten auf die Verbandstofffabrik auf der Scheckenbleiche. V.l.n.r.: das neue Bleichgebäude von 1912, das ehemalige Walkgebäude und das Manghaus an der Brenz, um 1914.
B 46, F 561

Seitenwechsel mit Blick nach Westen. Das ehemalige Spinnereigebäude mit Anbauten. Hier befanden sich nach der Einstellung des Spinnereibetriebes Krempelei, Packerei und der Damenbinden-Saal. Direkt am Brenzufer liegen v.l.n.r. Magazin, Kesselhaus, Maschinenhaus, Kohlenschuppen und Garnlager. Dahinter erkennt man das Wohnhaus von 1811 und das Meisterhaus, 1915.
B 46, F 560

Das an der Brenz gelegene Firmengelände im Jahre 1924.
B 46, F 237

Das ehemalige Wohnhaus der Baumwollspinnerei Ludwig Hartmann mit Meisterhaus, Stall und Remise, 1915.
B 46, F 275

Walther Hartmann (1876-1944) leitete das Unternehmen von 1899 bis zu seinem Tode. Unter seiner Führung erfolgte 1912 die Umwandlung der Firma in eine Aktiengesellschaft. Die Porträtaufnahme zeigt den jungen Fabrikanten in selbstbewusster Pose. Sie entstand am 16. Juni 1900 kurz vor dem Aufbruch zu einer Geschäftsreise nach Mexiko.
B 46, F 751

Jugendstilvilla in der Fasanenstraße 1, in der Walther Hartmann mit seiner Familie wohnte, um 1907.
B 46, F 198

Das repräsentative Verwaltungsgebäude an der heutigen Paul-Hartmann-Straße. Es wurde 1911 nach den Plänen des bekannten Stuttgarter Industriearchitekten Philipp Jakob Manz erbaut, um 1912.
B 46, F 604

Generaldirektor Walther Hartmann an seinem Schreibtisch im Verwaltungsgebäude, um 1940.
B 46, F 763/1

Die 1896 erbaute und 1984 abgerissene Kantine. An der Rückfront verbringen Arbeiterinnen ihre Mittagspause. Links im Bild die Rückseite des Verwaltungsgebäudes, um 1915.
B 46, F 696

Der Fabrikhof. Links im Bild Cheffahrer Greiner vor dem Bleichereigebäude, 1924.
B 46, F 316/2

Luftaufnahme der Paul Hartmann AG vom 28. September 1935. Links im Bild die Ausläufer der Werksanlagen der Firma J.M. Voith. Die Freiflächen jenseits der Paul-Hartmann-Straße sind noch unbebaut. Am linken oberen Bildrand ist die Voith-Siedlung zu sehen.
B 46, F 592

Die Werksanlagen im Sommer 1936.
B 46, F 1062

Luftbild von Heidenheim mit Blick auf das Werksgelände der Firma J.M. Voith von Süden. In der Mitte die Großturbinenhalle, links davor die Voith Getriebe KG und das Heizwerk. Rechts im Vordergrund die Gleise der Voith-Industriebahn, 1954.
B 80, F 6317/19

Diese Luftaufnahme von der Verbandstofffabrik Paul Hartmann AG aus dem Jahre 1971 zeigt, wie sich das Unternehmen im Lauf der Jahre mehr und mehr auf die gegenüber dem Firmengelände gelegenen Freiflächen ausgedehnt hat. Am oberen Bildrand die Produktionsanlagen der Firma J.M. Voith, die sich bis zum Hartmann'schen Areal nach Süden vorgeschoben haben.
B 46, F 587

Besuch von Bundeswirtschaftsminister Ludwig Erhard am 13. Mai 1960. Links im Bild Dr. Günther Klüsmann, Direktor von 1945 bis 1968. Rechts neben Ludwig Erhard ist Vorstandsmitglied Dipl.-Ing. Gerhard Marx zu sehen.
B 46, Album 157

Dr. Friedrich Wilhelm von Seydlitz-Kurzbach trat 1968 die Nachfolge von Dr. Günther Klüsmann an. Er lenkte die Geschicke der Paul Hartmann AG bis 1980.
B 46, F 501/2

Luftaufnahme aus dem Jahre 1954. Auf der rechten Bildhälfte erkennt man den im Jahre 1954 errichteten Anbau am Verwaltungsgebäude, dahinter die 1950 erbauten Shedhallen des Waltherbaus. Auf der linken Bildhälfte sind die Erweiterungsbauten der Produktionshallen und der 1928 neu erbaute Kamin zu sehen. Die Firma hat sich auf die Freiflächen jenseits der Paul-Hartmann-Straße ausgedehnt.
B 46, F 590

So präsentierten sich die Werksanlagen der Paul Hartmann AG im Jahre 1980. Die früheren Freiflächen jenseits der Paul-Hartmann-Straße wurden zwischen 1970 und 1980 vollständig überbaut. Sie umfassen Hochregalanlagen für Fertigwaren, Roh- und Hilfsstoffe sowie Produktionshallen für Zellstofferzeugnisse und Hygieneprodukte.
B 46, F 550

2
Das Herz des Unternehmens
Die Produktionsabteilungen

Der Aufstieg der Firma Paul Hartmann begann, als sich die Unternehmensführung 1873 auf Anregung des Stuttgarter Generalarztes Karl Eduard von Fichte entschied, den Betrieb auf einen zum damaligen Zeitpunkt völlig neuen Produktionszweig umzustellen: Verbandstoffe aus Baumwolle. Innerhalb weniger Jahre wurden im Stammwerk in Heidenheim wichtige Investitionen getätigt. Durch die Einrichtung neuer Produktionsabteilungen und deren Ausstattung mit Maschinen wurden die technischen Voraussetzungen für die industrielle Fertigung von Verbandstoffen geschaffen. Zahlreiche Menschen fanden Arbeit in der neuen Branche. Betrug die Zahl der Beschäftigten im Stammwerk im Jahre 1881 gerade mal 21, so waren es bei Gründung der Aktiengesellschaft im Jahre 1912 bereits 374 Mitarbeiter und bei Ausbruch des Ersten Weltkrieges knapp 500. Die Mitarbeiterzahl schwankte in den folgenden Jahrzehnten konjunkturbedingt und erreichte mit 900 im Jahre 1938 einen Höchststand vor 1945.

Die Herstellung der Verbandwatte erfolgte in insgesamt über 60 Einzelschritten. Die aus Nordamerika, Ägypten und Ostindien importierte Rohbaumwolle wurde zunächst einer Vorreinigung unterzogen. Daran schloss sich der Prozess des Bleichens an, bei welchem unerwünschte Begleitstoffe wie Wachs und Pektin entfernt wurden. Hierdurch gewann die Watte ihre Saugfähigkeit. Anschließend wurde die Baumwolle in der Vollbleiche unter Verwendung von Chlor, Säure und Seife von ihrer graubraunen Farbe befreit.

Die gereinigte und gebleichte Baumwolle wurde dann auf Spinnereimaschinen – so genannten Krempeln, auf denen die Baumwollfasern aufgelöst und ausgerichtet wurden – zu einem zusammenhängenden Wattevlies verarbeitet. Aus dem Wattevlies wurde schließlich die verkaufsfertige Verbandwatte geschnitten und verpackt.

Neben dem Kernprodukt Verbandwatte erweiterte Paul Hartmann im Laufe der Zeit die Produktpalette mehr und mehr und bot ein geschlossenes Sortiment für Krankenhäuser und Ärzte an. Seit 1880 produzierte man chirurgisches Nahtmaterial, ab 1883 wurden Holzwollprodukte wie Wöchnerinnen-Vorlagen, Windeleinlagen und Impfkissen hergestellt. Ein besonders großer Erfolg wurde die Hartmann-Damenbinden Marke „Ia. Original" aus Holzwolle. Vor allem in Großbritannien stieg die Nachfrage nach Binden so gewaltig, dass das Unternehmen im Jahre 1905 in Niederstotzingen ein Fabrikgebäude erbaute, in welchem ausschließlich für den britischen Markt produziert wurde.

Um den infolge des Ersten Weltkriegs fast gänzlich verloren gegangenen Export auszugleichen, begann die Paul Hartmann AG 1919 mit der Herstellung von Pflastern, Salben sowie Baby- und Fußpuder. Hinzu kamen Krankenpflegeartikel und zahlreiche Hygieneprodukte.

Alle Produkte wurden in eigens dafür eingerichteten Abteilungen entwickelt und hergestellt. Ein eigenes chemisch-bakteriologisches Labor überwachte die Güte und Keimfreiheit der Erzeugnisse. Die folgenden Bilder geben einen Einblick in einzelne Abteilungen.

Die für die Verbandstoffherstellung benötigte Rohbaumwolle wurde aus Nordamerika und Nordafrika importiert. Anfang der Dreißigerjahre gelangte eine Ladung des Rohstoffes erstmals mit dem Luftschiff „Graf Zeppelin" nach Deutschland. Den Landtransport übernahm die Bremer Spedition J.H. Bachmann, vor deren Hauptsitz diese Aufnahme entstand.
B 46, F 1063

Anlieferung der Rohbaumwolle in Heidenheim. Ein Pferdefuhrwerk auf dem Weg zur Firma Hartmann. Auf der Gegenspur radeln Arbeiterinnen nach Hause. Im Hintergrund Schloss Hellenstein, um 1925.
B 46, F 622

Bis zum Beginn der Produktion wurde die Rohbaumwolle in einem Lagerraum aufbewahrt. Der Rohstoff konnte auf einem Schienenwagen über das Werksgelände transportiert werden, um 1925.
B 46, F 1125

Die für einen Produktionsgang benötigte Baumwolle wird auf einer Waage abgewogen, um 1925.
B 46, F 352

Blick in die Bleicherei. Hier wurde die Rohbaumwolle in mehreren Arbeitsschritten von unerwünschten Begleitstoffen befreit. In der Bildmitte Maschinen für die Vorreinigung der Baumwolle. Im Hintergrund die so genannten „Holländer", in denen die schmutzig-graue Baumwolle gewaschen und gebleicht wurde, um 1929.
B 46, F 2539

Die Bleicherei im Jahre 1924.
B 46, F 986/1

Zwei Arbeiter entleeren in der Bleicherei einen „Beuch"-Kessel. Beim „Beuchen" wurde die Baumwolle durch Kochen unter Druck und Einsatz von Laugen entfettet, um 1920.
B 46, F 2538

Arbeiterinnen bilden aus der zuvor gereinigten Baumwolle so genannte „Wickel", mit denen die Krempelmaschinen und die Karden beschickt wurden. Sie tragen weiße Arbeitskleidung und Schutzhauben, entsprechend den hohen hygienischen Anforderungen, die an die Verbandstoffherstellung gestellt werden, um 1935.
B 46, F 356/2

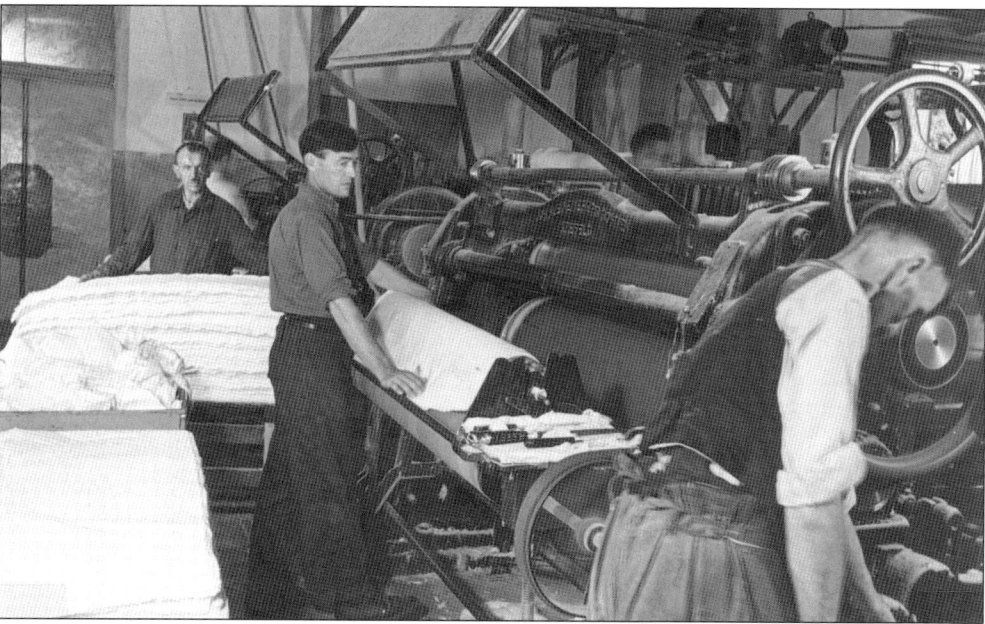

In der Krempelei. Aus den „Wickeln" wurde auf Spinnereimaschinen („Krempel") ein zusammenhängendes Spinnfaserband hergestellt – das Vlies. Auf dieser Aufnahme erkennt man die Abnahme des Vliesstoffes von einer Krempel, um 1935.
B 46, F 324

In der Rahmerei. Neben Verbandwatte wurde bei Paul Hartmann auch Verbandgewebe verarbeitet. Dieses spannte man nach dem Reinigungs- und Bleichprozess auf so genannte Spannrahmen. Aus dem Gewebe wurden Mull- und Cambricbinden sowie Windeln und Damenbinden hergestellt, 1924.
B 46, F 2534

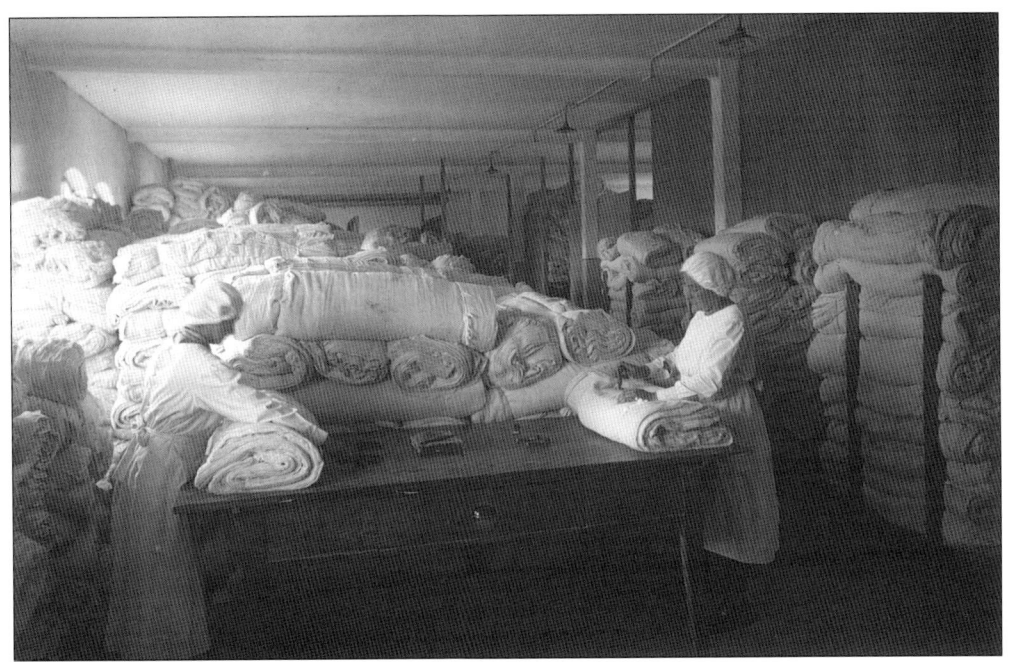

Nach der Abnahme von den Spannrahmen wird das großflächige Verbandgewebe zusammengelegt. Später werden hieraus Binden und Verbandmull gefertigt, um 1924.
B 46, F 2533

In der Nähabteilung verarbeiten Näherinnen das Verbandgewebe zu Windeln, Monatshöschen und Damenbinden, 1927.
B 46, Album 172

In der Wattekleinpackerei, um 1935.
B 46, Album 175

Blick in die Wattekleinpackerei nach einem Umbau im Jahre 1935. Im Vordergrund erkennt man Verbandmullrollen, welche mittels der abgebildeten Maschinen verpackt werden.
B 46, Album 175

Arbeiterinnen verpacken an einer Maschine den Verbandmull, um 1936.
B 46, F 1005/5

Damenbinden von Paul Hartmann waren in Großbritannien ein großer kommerzieller Erfolg. Allein im Jahre 1897 lieferte man 2,5 Millionen Binden auf die Insel. Um der gewaltigen Nachfrage nachkommen zu können, errichtete die Verbandstofffabrik im Jahre 1905 in Niederstotzingen ein Fabrikgebäude, in welchem ausschließlich Holzwollprodukte für den britischen Markt hergestellt wurden.
B 46, F 643/1

Packerei der Damenbindenabteilung im Stammhaus Heidenheim, um 1924.
B 46, F 2543/1

Damenbindenabteilung, um 1924.
B 46, F 2543/2

Die Londoner Filiale „Sanitary Wood Wool & Co. Ltd." stellt auf einer Messe in Nottingham die von Dr. Walcher entwickelten und später in Niederstotzingen hergestellten Hygieneartikel aus Holzwolle vor, 1892.
B 46, F 211

Werbung für „Hartmann's Gesundheitsbinden", um 1920.
B 46, 8/5/46

Sonntagsarbeit im Kesselhaus, 1909.
B 46, Album 172

In den Jahren 1929 und 1930 entstand im Heidenheimer Stammwerk eine moderne Dampfkraftanlage mit einer 300 PS starken Dampfturbine. Diese Aufnahme zeigt die Anlieferung eines neuen Kessels, 1930.
B 46, Album 172

Auszubildende in der Schlosserei, um 1935.
B 46, F 344/1-2

Paul Hartmann war nicht nur für seine Watte- und Holzwollprodukte bekannt. Auch die in der Pflasterabteilung hergestellten Produkte des Unternehmens wie das Kautschuk-Heftpflaster „Zinkocoll" genossen Weltruf, um 1925.
B 46, F 2542/1 u. Bü. 1452

Chirurgisches Nahtmaterial war ein weiterer Bestandteil des Sortiments der Verbandstofffabrik. Diese Aufnahme zeigt das Verpacken von sterilem Catgut, um 1920.
B 46, F 255

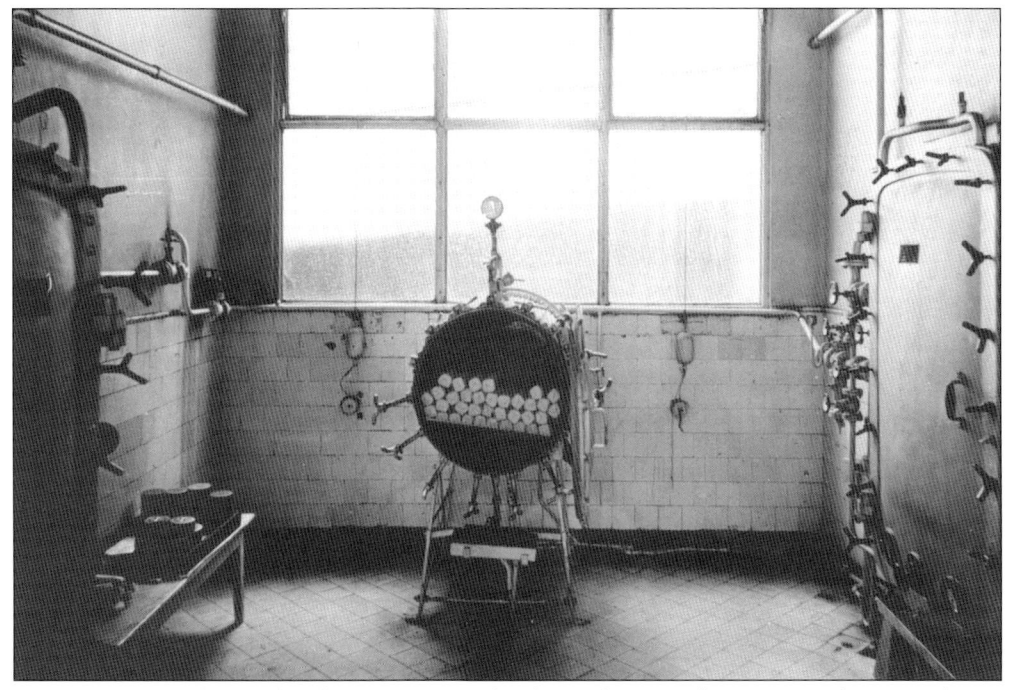

Die Hartmann'sche Verbandwatte genügte höchsten hygienischen Ansprüchen. In diesen Apparaten wurde die Watte vor der Auslieferung in den Handel sterilisiert, um 1924.
B 46, F 251

Die Verbandstofffabrik Paul Hartmann richtete 1910 ein chemisch-bakteriologisches Labor ein, in welchem wissenschaftliche Untersuchungen durchgeführt und Produkte entwickelt wurden, um 1936.
B 46, F 359/1

Der Chemiker Herbert Hartmann, Bruder von Generaldirektor Walther Hartmann, bei der Arbeit im chemisch-bakteriologischen Labor, 1916.
B 46, F 2559

Die Firma Paul Hartmann ließ sich viele ihrer Erfindungen patentieren. Die Abbildung zeigt eine Patenturkunde des Kaiserlichen Patentamtes in Berlin über den Verbandstoff „Drahtgipsbinde", ausgestellt am 26. Februar 1905.
B 46, Bü. 346

Immer wieder besuchten Apotheker, Ärzte, Verbandsvertreter und Politiker die Paul Hartmann AG, um sich von den Herstellungsmethoden ein Bild zu machen. Diese Aufnahme zeigt eine Delegation deutscher Apotheker, welche die Firma im September 1924 besuchte.
B 46, Album 157

Altes Kontor der Verbandstofffabrik. An den Wänden erkennt man die Werbeplakate des Unternehmens sowie ein Porträtfoto von Kaiser Wilhelm II., um 1909.
B 46, F 205

Hauptkontor im ersten Stock des 1911 errichteten Verwaltungsgebäudes in Heidenheim, um 1940.
B 46, F 603

Das internationale Geschäft hatte schon früh einen bedeutenden Anteil am Erfolg der Verbandstofffabrik Paul Hartmann. Das Bild zeigt eine Fuhrkolonne beim Verlassen des Firmengeländes mit einer für Buenos Aires bestimmten Sendung von Verbandstoffen, 1909.
B 46, F 638

Das Stammhaus in Heidenheim und die in- und ausländischen Filialen der Paul Hartmann AG verfügten bereits in den Zwanzigerjahren über einen eigenen Fuhrpark. Diese Aufnahme zeigt einen Lieferwagen des Stammhauses mit Fahrer, November 1926.
B 46, F 319

„Schichtwechsel", um 1940.
B 46, F 621

Seit den Dreißigerjahren unternahm die Firma alljährlich den Betriebsausflug „Fahrt ins Blaue", an dem alle Mitarbeiter teilnahmen. Man fuhr anfangs mit der Bahn, seit den Fünfzigerjahren mit dem Heidenheimer Busunternehmen Wahl. Diese Aufnahmen entstanden während des

Betriebsausflugs nach Reutlingen am 15. August 1953.
B 46, Album 137

August Kehle, Generalvertreter der Paul Hartmann AG für Württemberg, an seinem 50-jährigen Berufsjubiläum 1943.
B 46, F 580/5

Seit den Zwanzigerjahren feiert die Paul Hartmann AG in einem festlichen Rahmen die Jubiläen ihrer Mitarbeiter. Diese Fotografie zeigt die Jubilare des Jahres 1976 bei einer Festveranstaltung.
B 46, F 455/9

3

Der Schritt in die Welt

Aufbau eines in- und ausländischen Filialnetzes
und Beteiligung an Weltausstellungen und Messen

Das ausgehende 19. Jahrhundert und die letzten Jahre vor dem Ersten Weltkrieg waren eine Epoche ausgeprägter Globalisierung. Ähnlich wie heute gründeten Unternehmen weltweit Filialen und kämpften im globalen Wettbewerb um Marktanteile.

Auch die Verbandstofffabrik Paul Hartmann wagte schon früh den Schritt in die Welt. In dem relativ kurzen Zeitraum von 1882 bis 1891 errichtete das Unternehmen die Eckpfeiler eines europäischen Filialnetzes, gründete überdies eine Niederlassung in den USA und richtete Handelsvertretungen in vielen weiteren Ländern der Erde ein – der Aufstieg zu einem Weltunternehmen nahm seinen Lauf.

Paul Hartmann verfolgte dabei eine differenzierte Strategie. Bei einigen ausländischen Niederlassungen handelte es sich um Produktionsfilialen, die im Laufe der Zeit unabhängig vom deutschen Stammwerk Verbandstoffe herstellten. Andere Filialen dienten dagegen als reine Vertriebszentren der in Deutschland hergestellten Produkte.

Die erste ausländische Filiale gründete das Unternehmen 1882 im norditalienischen Pavia in der Nähe von Mailand. Die Gründung weiterer Produktionsfilialen erfolgte bereits 1883 im böhmischen Hohenelbe und 1888 in der katalanischen Metropole Barcelona. In rascher Folge entstanden zudem Verkaufsniederlassungen in Paris (1884), London (1887), New York (1889) und Brüssel (1891).

Mehrere der genannten Niederlassungen bauten im Laufe der Jahre ihrerseits eigene inländische Filialnetze auf.

Bei Ausbruch des Ersten Weltkriegs beschäftigte das Unternehmen bei einer Gesamtbelegschaft von 1.600 etwa 700 Personen in seinen ausländischen Filialen.

Parallel zum Ausbau des internationalen Filialnetzes erfolgte die Gründung inländischer Vertriebsfilialen in Berlin (1884), Frankfurt (1889), Düsseldorf (1901), Chemnitz (1918, 1925 verlegt nach Dresden), Hamburg (1921), Saarbrücken (1929) und München (1930). Zudem wurde im Jahre 1919 die Firma J.H. Ziegler im badischen Oberachern erworben.

Dem Ziel, ein Unternehmen national und international bekannt zu machen, dienten im 19. Jahrhundert Gewerbeausstellungen, Fachmessen und Weltausstellungen. Diese waren wichtige Instrumente der Gewerbeförderung und Gradmesser der industriellen Leistungsfähigkeit und des technischen Fortschritts. Von Anfang an nutzte Paul Hartmann diese Plattform, um seine Neuheiten auf dem neuen Gebiet der Wundbehandlung und Hygiene einem breiten Publikum vorzustellen. Die große Zahl an Medaillen und Auszeichnungen, die Hartmann im Laufe der Jahre erhalten hatte, war ein sichtbarer Beweis für die Qualität der Produkte und die Konkurrenzfähigkeit der Firma im globalen Wettbewerb. Was zählte, war die öffentliche Anerkennung und vor allem der kommerzielle Erfolg: volle Auftragsbücher und die Erschließung neuer Märkte. Ausstellungen und Messen eröffneten außerdem die Chance, sich über den neuesten Stand der Medizin zu informieren, die Konkurrenz zu beobachten und neue Anregungen aufzunehmen.

Bis nach dem Ersten Weltkrieg war es üblich, dass Unternehmen ihre Brief- und Rechnungsköpfe mit Abbildungen der in- und ausländischen Filialen schmückten. Dieser Briefkopf der Berliner Filiale der Verbandstofffabrik Paul Hartmann bildet alle wichtigen Niederlassungen des Unternehmens im In- und Ausland um 1905 ab.
B 46, Bü 3941

Im zweiten Stock des Verwaltungsgebäudes in Heidenheim präsentierte die Firma Paul Hartmann in einer Ausstellung ihre Produkte und deren Fabrikationsprozess. Unübersehbar verstand sich das Unternehmen schon damals als „Global Player", um 1912.
B 46, F 611

Die Geschäftsleitung der 1882 gegründeten italienischen Produktionsfiliale Hartmann & Guarneri in Pavia. In der Bildmitte der Teilhaber und Geschäftsführer Aristide Guarneri, der schon vor Gründung der Filiale ein Kunde des Unternehmens war und in Oberitalien über gute Geschäftsverbindungen verfügte. Links neben ihm Oscar Hartmann, der jüngere Bruder von Paul Hartmann, rechts oberhalb von ihm der junge Walther Hartmann, Juni 1898.
B 46, F 712

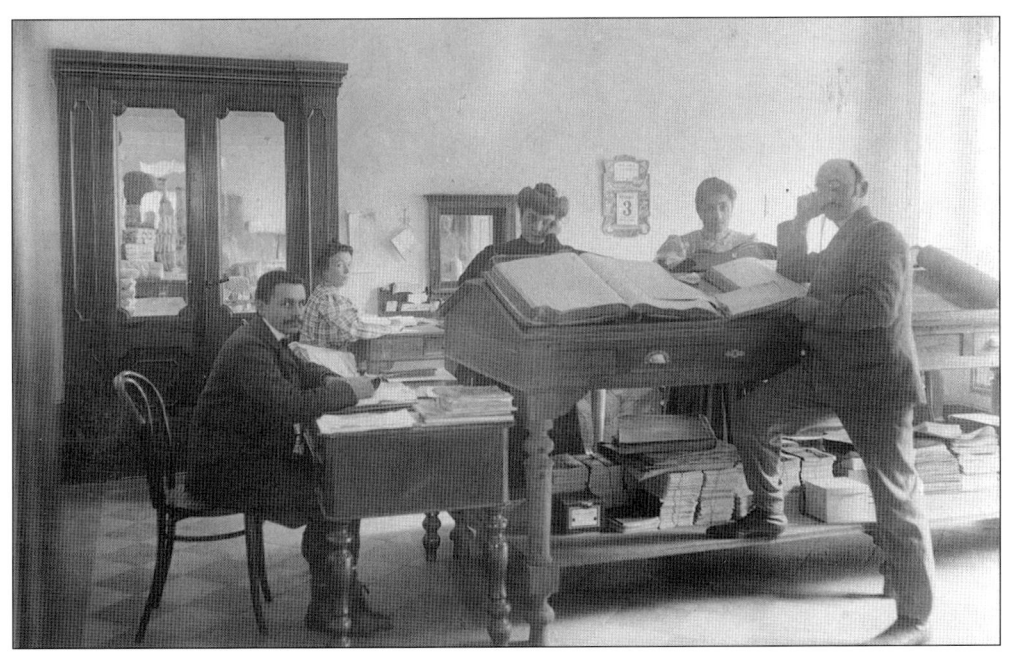

Kaufmännische Angestellte im Kontor der Filiale Pavia, um 1908.
B 46, F 186

Die Belegschaft der Filiale Pavia vor dem Fabrikgebäude. Die Fabrik, deren Geschäftsbeziehungen bis Ägypten, Syrien und Tunesien reichten, war vor dem Ersten Weltkrieg mit bis zu 400 Mitarbeitern die größte Niederlassung der Verbandstofffabrik. Wie in der Textilbranche um die

Jahrhundertwende üblich, arbeiteten vor allem Frauen in der Produktion, um 1900.
B 46, F 186

Diese Aufnahme einer Ausstellungsvitrine von Hartmann & Guarneri mit zwei jungen Mitarbeitern des Unternehmens entstand vermutlich auf einer Ausstellung in Palermo, um 1900.
B 46, F 217

Arbeiter und Arbeiterinnen der Niederlassung in Pavia, 1903.
B 46, F 1064

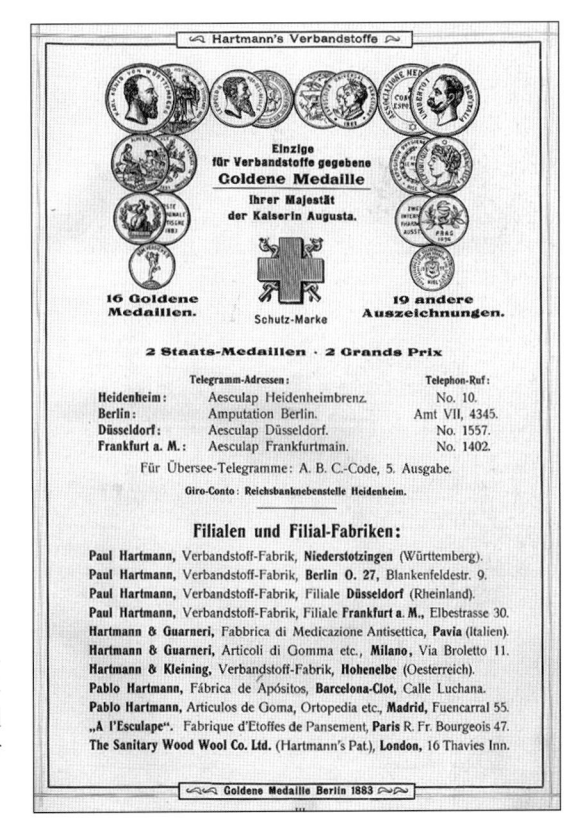

Eine Seite aus einem Katalog der Verbandstofffabrik aus dem Jahre 1909. Aufgeführt sind wichtige Medaillen und Auszeichnungen sowie die Adressen aller in- und ausländischen Filialen.
B 46, Bü. 1452

Hartmann's Verbandstoffe

Einzige für Verbandstoffe gegebene **Goldene Medaille** Ihrer Majestät der Kaiserin Augusta.

16 Goldene Medaillen.   Schutz-Marke   **19 andere Auszeichnungen.**

2 Staats-Medaillen · 2 Grands Prix

Telegramm-Adressen:		Telephon-Ruf:
Heidenheim:	Aesculap Heidenheimbrenz.	No. 10.
Berlin:	Amputation Berlin.	Amt VII, 4345.
Düsseldorf:	Aesculap Düsseldorf.	No. 1557.
Frankfurt a. M.:	Aesculap Frankfurtmain.	No. 1402.

Für Übersee-Telegramme: A. B. C.-Code, 5. Ausgabe.

Giro-Conto: Reichsbanknebenstelle Heidenheim.

Filialen und Filial-Fabriken:

Paul Hartmann, Verbandstoff-Fabrik, **Niederstotzingen** (Württemberg).
Paul Hartmann, Verbandstoff-Fabrik, **Berlin O. 27**, Blankenfeldestr. 9.
Paul Hartmann, Verbandstoff-Fabrik, Filiale **Düsseldorf** (Rheinland).
Paul Hartmann, Verbandstoff-Fabrik, Filiale **Frankfurt a. M.**, Elbestrasse 30.
Hartmann & Guarneri, Fabbrica di Medicazione Antisettica, **Pavia** (Italien).
Hartmann & Guarneri, Articoli di Gomma etc., **Milano**, Via Broletto 11.
Hartmann & Kleining, Verbandstoff-Fabrik, **Hohenelbe** (Oesterreich).
Pablo Hartmann, Fábrica de Apósitos, **Barcelona-Clot**, Calle Luchana.
Pablo Hartmann, Articulos de Goma, Ortopedia etc., **Madrid**, Fuencarral 55.
„A l'Esculape". Fabrique d'Etoffes de Pansement, **Paris** R. Fr. Bourgeois 47.
The Sanitary Wood Wool Co. Ltd. (Hartmann's Pat.), **London**, 16 Thavies Inn.

Goldene Medaille Berlin 1883

Das „Hartmann-Haus" der 1884 gegründeten ersten Inlandsfiliale in Berlin an der Marien- / Ecke Albrechtstraße. 1907 verkaufte das Unternehmen das Anwesen und zog in die Blanken-

feldestrasse, um 1905.
B 46, F 2572

In diesem Gebäude in der Blankenfeldestraße 9 befand sich von 1907 bis zum Ende des Zweiten Weltkrieges die Berliner Niederlassung der Paul Hartmann AG. Vor dem Gebäude der neu angeschaffte Lieferwagen der Filiale, November 1926.
B 46, F 445

Packerei der Filiale Berlin in der Blankenfeldestraße 9. Links im Bild der langjährige Filialleiter Otto Moser, um 1910.
B 46, F 175

Kontor der Filiale Berlin. An den Wänden erkennt man eine Porträtaufnahme des Firmengründers Paul Hartmann sen. und ein damals häufig verwendetes Plakat der Verbandstofffabrik. Die Schaffung einer gemeinsamen Firmenidentität aller Hartmann-Filialen spielte schon um die Jahrhundertwende eine bedeutende Rolle, um 1910.
B 46, F 175

Am 9. Juli 1898 kamen die Leiter der in- und ausländischen Filialen nach Heidenheim, um mit der Geschäftsleitung das 25-jährige Jubiläum der Aufnahme der Verbandstofffabrikation zu feiern. Sitzend Mitglieder der Familie Hartmann: Oscar Hartmann (2.v.l.), rechts neben ihm Paul Hartmann jun., Albert Hartmann und Arthur Hartmann. Auf dem Boden sitzend Manfred Hartmann.
B 46, F 641/1

Plakat für die Deutsche Armee-, Marine- und Kolonial-Ausstellung in Berlin mit der Figur der Hygieia, in der Mitte die Schutzmarke. Der Entwurf stammt von dem Künstler Karl Kolb, 1907.
B 46, 7/6/89

Ausstellungsvitrine auf der Deutschen Armee-, Marine- und Kolonial-Ausstellung in Berlin 1907.
B 46, F 1065

Der neue Lieferwagen der Filiale Berlin vor dem berühmten Café Josty am Potsdamer Platz, November 1926.
B 46, F 313/1

Die Filialfabrik Hartmann & Kleining in Hohenelbe/Böhmen. Das Absatzgebiet dieser Niederlassung erstreckte sich auf die gesamte österreichisch-ungarische Monarchie und Länder wie Bulgarien, Rumänien und die Türkei, um 1900.
B 46, 8/3/105

Die 1910 gegründete Niederlassung von Hartmann & Kleining in Innsbruck. Die Filiale wurde kurz nach dem Ersten Weltkrieg als Hartmann & Co. neu gegründet und im Jahre 1931 nach Wien verlegt, um 1920.
B 46, F 804

Das Gebäude der Niederlassung in Wien in der Hohenbergstraße 22. Davor der Lkw der Filiale, 1936.
B 46, F 704

Der Lieferwagen der Filiale Wien. Der Aufbau des Lkw diente als Werbeträger für Hartmann-Damenbinden, Juni 1936.
B 46, F 315/1

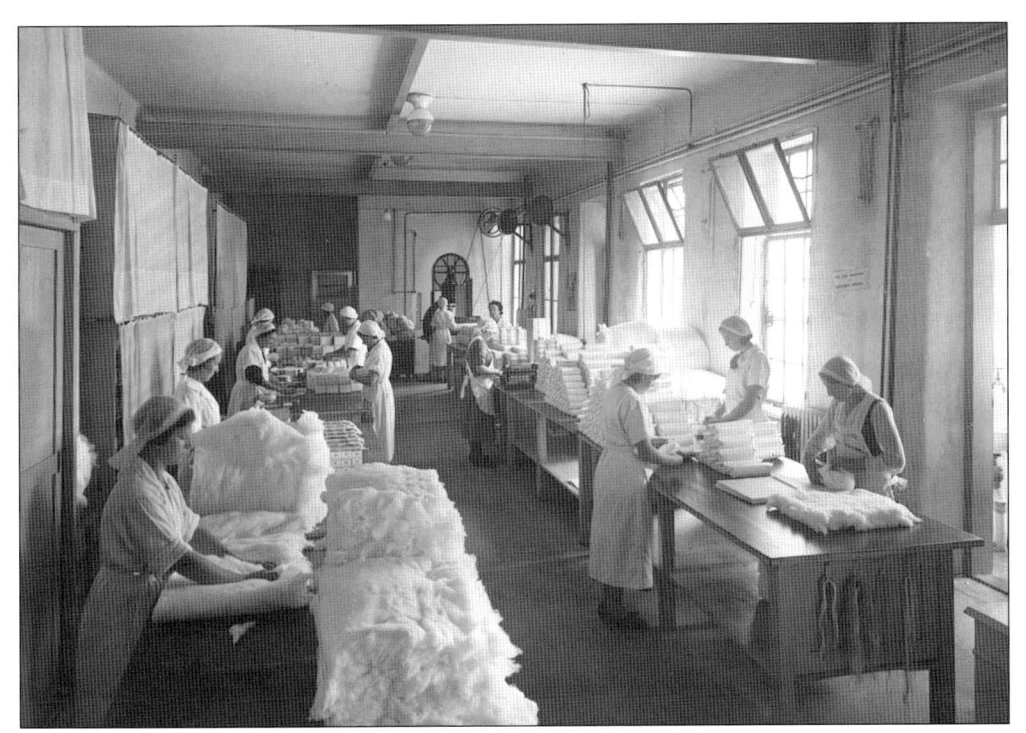

Watteabteilung der Niederlassung Wien, um 1937.
B 46, F 702/2

Damenbindenabteilung der Niederlassung Wien, um 1937.
B 46, F 702/1

Straßenszene vor der Hamburger Filiale der Paul Hartmann AG in der Schröderstraße 31, um 1928.
B 46, F 766/1

In diesem repräsentativen Gebäude hinter der Börse unterhielt die Paul Hartmann AG Mitte der Zwanzigerjahre ihre Niederlassung in Frankfurt am Main, 1925.
B 46, F 179

2 Premios de Estado.		25 Outras altas recompensações.
5 Grands Prix.	Fabricas Hartmann em Allemanha.	Mais de 1500 empregados.
23 Medalhas de ouro.		

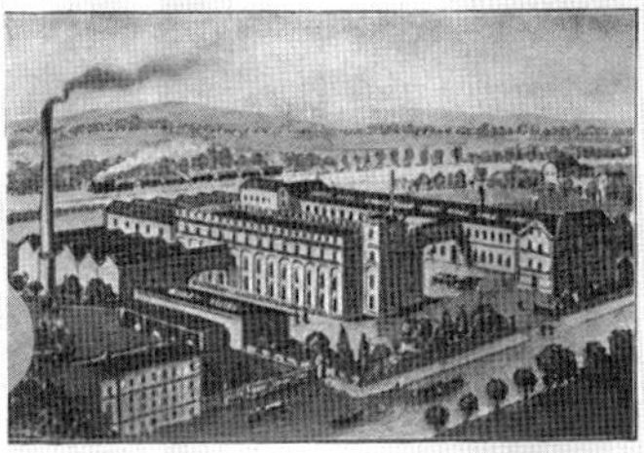

Fabrica de Pensos
e Material para Hospitães,
etc.

a mais antiga e mais importante

PAUL HARTMANN
A. G.
HEIDENHEIM a. Brz.
(Allemanha).

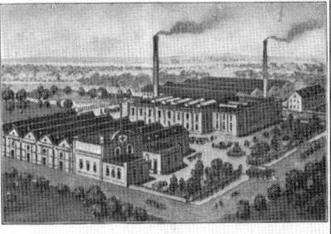

Fabricas Hartmann em Italia.   Fabricas Hartmann em Italia.

Conforme as indicações e conselhos dos Drs. Lister e Bruns, a casa **Hartmann** começou em 1868 a fabricação de **algodãoes e gazes hydrophilos e medicinães** em pequena escala, augmentando com o tempo, devido á grande preferencia que encontraram os productos da sua fabricação, de tal forma, que hoje conta **6 grandes fabricas,** muitas **casas filiães e mais de 1500 empregados.**

Os

ALGODOES e GAZES HARTMANN

bem como **tudos os outros productos** das **fabricas Hartmann,** teem bom nome no mundo inteiro e se distinguam dos demais pela grande perfeição e o cuidado empregado na sua fabricação.

A **casa Hartmann** se sirva dos meios mais **modernos de fabricação** e trabalha continualmente em conformidade com as maiores summidades do mundo medico e cirurgico para aproveitar os progressos da sciencia e para conservar ãos seus productos a confiança pela qual sempre foram distinguidos por parte da sua numerosa freguezia.

Com respeito ãos seus preços a **casa Hartmann** pode competir com qualquer fabrica do mundo e toma tuda a garantia que os pedidos serão executados com a maior cuidado possivel.

Em algodão, gaze, ataduras e material para cirugia queiram sempre pedir a

MARCA HARTMANN.

Para quaesquer informações dignam se dirigir ãos representantes da casa.

———※———

Representantes nos E. U. do Brazil
H. S. S.
Hisserich & Gruenberg
Caixa do correio 1794
Rio de Janeiro.

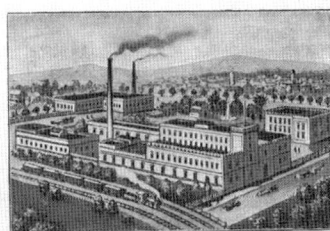

Fabricas Hartmann em Austria.   Fabricas Hartmann em Haspanha.

In vielen Ländern der Erde war die Verbandstofffabrik Paul Hartmann durch Generalagenturen vertreten. Diese Abbildung zeigt einen Werbeprospekt für den brasilianischen Markt. Die Vertretung für Brasilien erfolgte durch die Firma Hisserich & Gruenberg in Rio de Janeiro, 1912.
B 46, Bü. 853

Messestand auf dem Ärztekongress in Sevilla 1921. Die spanische Filiale präsentierte sich auch mit Krankenhausmöbeln und chirurgischen Instrumenten, die als Handelsware vertrieben wur-

den, 1921.
B 46, F 193

Die meisten ausländischen Filialen der Paul Hartmann AG wurden nach dem Ersten Weltkrieg von den jeweiligen Regierungen als feindliches Vermögen eingezogen. Die spanische Filiale blieb davon unberührt und konnte bis zum Ende des Zweiten Weltkrieges fortgeführt werden. Diese Aufnahme zeigt das ständig erweiterte Fabrikgebäude in einem Industriegebiet Barcelonas, um 1935.
B 46, F 715/1

Packerei der Filiale Barcelona, 1919.
B 46, F 715/23

Bei der Niederlassung in Barcelona handelte es sich um eine Produktionsfiliale, die unabhängig vom deutschen Stammwerk in Heidenheim arbeitete. Blick in die Bleicherei, um 1910.
B 46, F 184

Monarchischer Besuch bei der Firma Hartmann hatte Tradition. Bereits 1888 besuchte das spanische Königspaar den Stand der Verbandstofffabrik auf der Weltausstellung in Barcelona und gab damit den Anstoß zur Gründung der Filiale in der katalanischen Metropole. Diese Aufnahme zeigt in der Bildmitte den spanischen König Alfons XIII. während eines Besuches des Hartmann-Pavillons auf der Weltausstellung in Barcelona, Juni 1929.
B 46, F 803

4

„Hartmann hilft heilen"

Werbung und Produktgestaltung im Wandel der Zeit

Hartmann erhob zu Recht den Anspruch, „älteste deutsche Verbandstofffabrik" zu sein, sie sollte aber nicht die einzige bleiben. Sehr bald kam Konkurrenz auf, die Hartmann das Feld streitig machte. Werbung war angesagt, um die Überlegenheit der eigenen Produkte ins Bild zu rücken. Dafür wurden eigens Kunstmaler beauftragt, die im Stil des Historismus auf antike Vorbilder zurückgriffen. Die von ihnen geschaffenen Werbeplakate zeigen die allegorische Figur Hygieia, die Göttin der Gesundheit und Hygiene, die, umrahmt von einem Lorbeerkranz und üppigen Verzierungen in Neo-Renaissance-Manier, dem Verwundeten Verbandstoffe reicht. Werbewirksam wurden auch die auf Ausstellungen und Messen erworbenen Medaillen und Auszeichnungen abgebildet. Diese Zeichen öffentlicher Anerkennung schmücken Plakate, Packungen, Preislisten und Prospekte. Ebenso zeigte man stolz, dass man im Ausland mit Filialen vertreten war.

Die Schutzmarke, ein rotes Kreuz auf weißem Grund, war von Anfang an ein zentrales Gestaltungselement. Mit dem Symbol der international bekannten Hilfsorganisation assoziierte man Heil, Rettung und Gesundheit. Ab 1883 wurde das Kreuz ergänzt durch zwei gekreuzte Schlangenstäbe. Die Farbe Rot des Kreuzes wurde nach 1906 durch Weiß ersetzt. Als unverwechselbares Firmenkennzeichen bürgte die Schutzmarke für Qualität und kennzeichnete fortan alle Produkte des Hauses Hartmann. 1920 wurde sie abgelöst durch das „H-Kreuz", ein rotes „H" auf weißem Kreuz, eingerahmt in ein blaues Achteck. Es hat sich bis heute als Markenzeichen erhalten.

War der Reklamestil um die Jahrhundertwende heroisch und antikisiert, so wirkt er seit den 1920er-Jahren betont sachlich und – mit Rücksicht auf die Stammkundschaft, die sich zum großen Teil aus Apotheken und Drogerien zusammensetzt – sehr seriös.

Die Werbemotive zeigen nun häufig Situationen, in denen es zu Verletzungen kommen kann. Beispielsweise Auto- oder Sportunfälle. Stilisierte Ärzte, Sanitäter und elegante Frauengestalten bringen Hilfe und Heilung. Das Produkt rückt in den Mittelpunkt. Ein knapper Text informiert über dessen Anwendung und Wirkungsweise. Der Name des Erfinders verweist auf die enge Zusammenarbeit zwischen Hartmann und der medizinischen Wissenschaft und bürgt so für Qualität.

Seit Mitte der 1930er-Jahre nahm die Firma die Dienste eines Werbeberaters in Anspruch. Das Ergebnis war ein einheitlicher Reklamestil für alle Erzeugnisse. Seitdem tragen sämtliche Hartmann-Produkte ein blaues Oval mit Namenszug und die H-Kreuz-Schutzmarke. Mit dieser Einheitsmarke wollte man eine geschlossene Wirkung auf den Einzelverbraucher ausüben und die Marke „Hartmann" im allgemeinen Bewusstsein verankern.

Werbung ist immer auch ein Spiegel der Produktgeschichte. Manche Artikel wurden im Laufe der Zeit aus dem Sortiment herausgenommen, neue kamen hinzu. Die nachfolgenden Bilder zeigen eine Auswahl aus den Bereichen Verbandstoffe, Artikel zur Krankenpflege und Pflaster, Damenhygiene sowie technische Artikel.

Das erste Werbeplakat der Firma Hartmann mit üppiger Ornamentik im Stil des Historismus, vermutlich für die Weltausstellung in Barcelona entworfen, 1888.
B 46, 2/4/16

Preisliste der Filiale Berlin, um 1894.
B 46, Bü. 1442

Hartmann's Verbandstoffe

Der außerordentlich heiße Wettbewerb in der Verbandstoffbranche hat allmählich auf dem deutschen Markte dazu geführt, daß Verbandstoffe heute dem kaufenden Publikum in Qualitäten angeboten werden, die in keiner Weise mehr den durch den Verwendungszweck bedingten Anforderungen entsprechen. — Handelt es sich doch bei der Verwendung von Verbandstoffen um nichts Geringeres als den Schutz des Körpers, — den Schutz der Gesundheit! — Hier sollte das Beste eben noch gut genug sein. Verbandstoffe sind und sollen deshalb Vertrauensartikel sein.

Um dem Laien beim Einkauf eine volle Gewähr für die absolute Zuverlässigkeit und Vertrauenswürdigkeit der angebotenen Verbandstoffe zu bieten, haben wir uns entschlossen, unsere beste Marke in der unten abgebildeten Original-

Pe-Ha-Packung
(Paul-Hartmann-Packung)

auf den Markt zu bringen.

Hervorzuheben sind als besondere Vorzüge dieser Packung:

Die Pe-Ha-Packung verwahrt den Inhalt absolut staubsicher,

Die Pe-Ha-Packung gestattet eine teilweise Entnahme der Watte ohne Berührung des Restes,

Die Pe-Ha-Packung erlaubt dadurch einen sehr sparsamen Verbrauch,

Die Pe-Ha-Packung enthält genaues Nettogewicht und genaue Maße,

Die Pe-Ha-Packung ist außerordentlich preiswert.

Man achte auf die neben abgebildete Packung, auf den Namen Hartmann und verlange ausdrücklich

„Hartmann's Verbandstoffe."

Die Pe-Ha-Packung ist durch alle gesetzlichen Mittel geschützt. Vor Nachahmung wird deshalb ernstlich gewarnt.

Prospekt für die Pe-Ha-Packung. Diese enthielt die bekannte Verbandwatte nach Prof. Dr. von Bruns, um 1910.
B 46, Bü. 2556

Werbung für „Peha"-Verbandwatte", um 1930.

Hartmann hatte seit 1884 Erfahrungen auf dem Gebiet der Herstellung von Damenbinden aus Holzwollwatte. Die Abbildungen zeigen Werbung für „Hartmann's Gesundheitsbinden" für Damen. Die Marke „Ia. Original" war vor allem in Großbritannien ein sehr großer Erfolg, um 1919.
B 46, 8/5/49 u. B 46, Bü. 3955

Unerreicht sind Hartmann's Gesundheits-Binden für Damen

Allgemein bevorzugt wegen ihrer großen Weichheit und Aufnahmefähigkeit. Besonders sparsam im Gebrauch. Literatur- und Bezugsquellennachweis durch die alleinige Herstellerin:

Paul Hartmann A.G. Heidenheim, Wttbg.
Frankfurt %. Berlin, O.27 Düsseldorf.

Hartmann's GESUNDHEITS-BINDEN

MARKE „Ia. ORIGINAL"

DIE VON DER FRAUENWELT BEVORZUGTE MARKE

„Hartmann's Liliput", eine Damenbinde, die so klein wie eine Streichholzschachtel war und die man in der Handtasche mitführen konnte. Plakat um 1927.
B 46, 7/6/17

Prospekt für Hakuai-Damenbinden im „Japan-Stil", um 1906.
B 46, Bü. 2556

Die Paul Hartmann AG vertrieb komplette Hausapotheken, die sich auch als Weihnachtsgeschenk eigneten, um 1925.
B 46, Bü. 2556

Zur festen Ausrüstung von Wanderern und Sportlern gehörten die Taschenapotheken wie der „Wanderfreund", die Hartmann seit 1920 im Angebot hatte. Plakate von F. Quidenus, um 1927.
B 46, 2/6/89

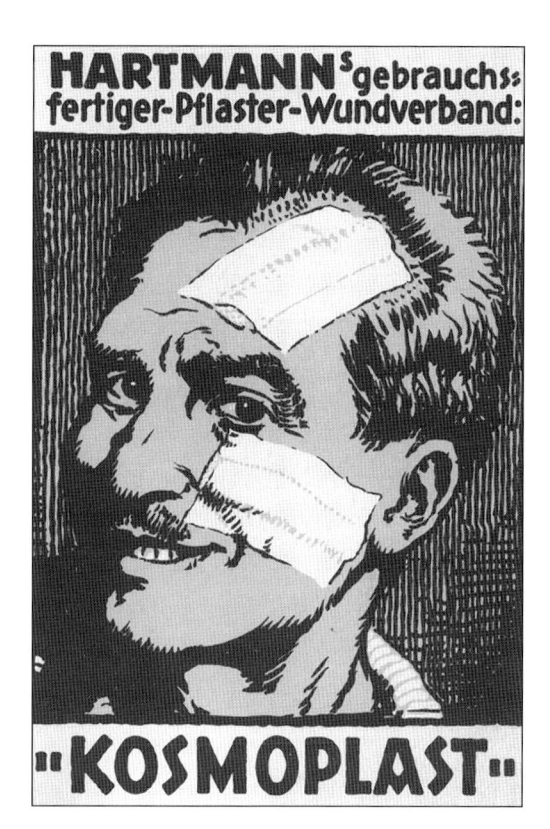

Prospekte für Kosmoplast-Pflasterverbände, um 1930.
B 46, Bü. 1518 u. 1237

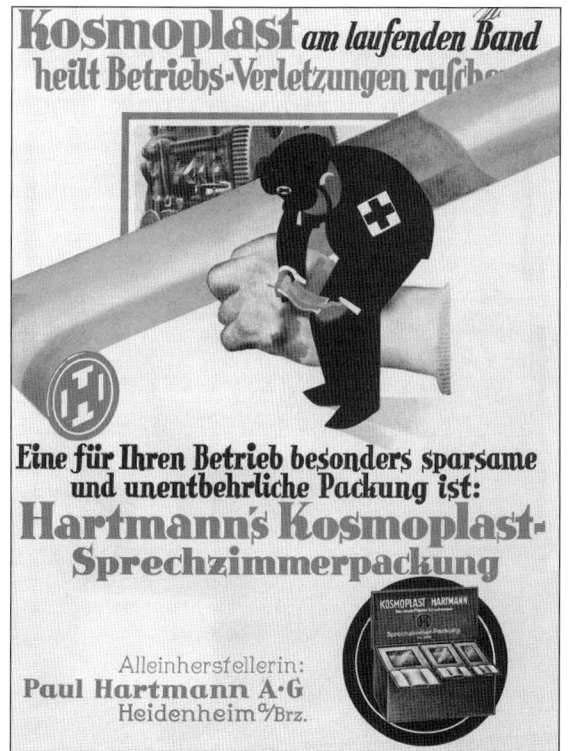

Prospekt für den Lederersatzstoff „Hartoplast", welchen das Unternehmen seit 1916 im Sortiment hatte, um 1917.
B 46, Bü. 2556

Prospekt für Molinea-Fußhilfe, 1927.
B 46, 8/5/126

86

Prospekt für Hartmann's Alabaster-Gipsbinden, um 1930.
B 46, Bü. 3545

Dr. Ernst Freund aus Wien hatte die Idee, die Heilmethode des Fango-Schlamms breiten Bevölkerungsschichten zugänglich zu machen. Hartmann griff diese Anregung auf und bot unter dem Namen „Fapack" die Kompressen seit 1909 an. Prospekt 1930.
B 46, 3/4/32

Auch in Spanien wurden die bekannten Fango-Kompressen beworben und verkauft, um 1912.
B 46, Bü. 2556

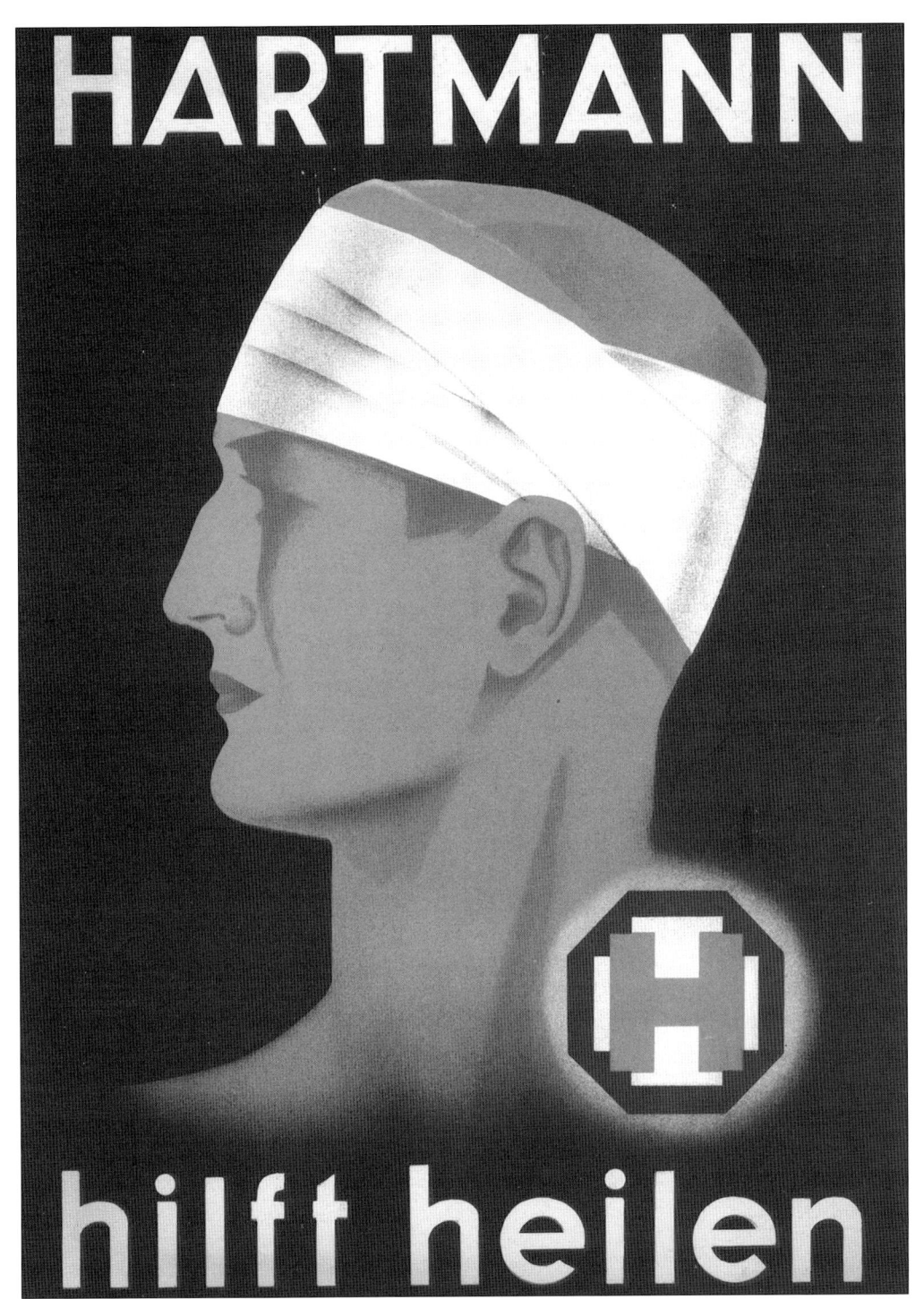

Dieses Plakat richtete sich in den Dreißigerjahren an den Endverbraucher. Der bis heute gebräuchliche Slogan mit der Alliteration „Hartmann hilft heilen" wurde in den 1930er-Jahren eingeführt, 1936.
Bü. 46, 3/4/38

Bereits 1934 war das Mitführen eines Auto-Verbandkastens Vorschrift im Deutschen Reich. Hartmann hatte seit 1880 Verbandkästen im Angebot. Plakat, um 1939.
B 46, 2/6/84

Plakat für Hartmann's Seide und Catgut. Im Bild ein Arzt, der die Gläschen mit Metallverschluss in den Händen hält, 1940.
B 46, 3/4/34

Werbung für Hartmann-Verbandkästen in den Fünfzigerjahren.
B 46, Bü. 3939

In den Sechzigerjahren stellte die Paul Hartmann AG auch Polierwatte zur Autopflege her. Aufsteller aus dem Jahre 1963.
B 46, Bü. 3541

Um eine gute Milchqualität zu erreichen, entwickelte Hartmann die „Haco-Rapid" Wattescheibe. Durch Filtrierung konnten Schmutz und Bakterien beim Abfüllen entfernt werden. Die Milchfilterherstellung wurde Anfang der 1930er-Jahre aufgenommen. Zeitungsinserat, 1934.
B 46, Bü. 3542

Plakat und Anzeige für Verbandkästen und -schränke im Stil der 1950er-Jahre.
B 46, Bü. 3938

Anzeigen für Watte zur Säuglingspflege mit einem weithin bekannten Slogan, 1961.
B 46, 31/1/13 und 31/1/12

Diese
Bücher aus
Ihrer Region sind
im Handel erhältlich:

Sutton Verlag
BÜCHER AUS IHRER REGION

Fußball in Aalen
Sportarchiv
Roland Schurig
3-89702-500-0 | 17,90 € [D]

Schwäbisch Gmünd. Stadt im Bild
Herrmann/Mangold/Schwarz
3-89702-329-6 | 17,90 € [D]

Was war los in Stuttgart 1950-2000
Uwe Bogen und Conny Mertz-Bogen
3-89702-275-3 | 10,00 € [D]

Stuttgarter Kickers
Sportarchiv
Paul Allmendinger
3-89702-497-7 | 17,90 € [D]

Ulm. Geschichte einer Stadt
Stadtgeschichten
Martin Nestler
3-89702-544-2 | 12,90 € [D]

SUTTON VERLAG